박종철 시집

늘그막의 살 길 사는 길

마을

빛나는 시정신을 꼼꼼하게 엮어내는 — 마을

- 전북 남원 출생, 『월간문학』으로 등단
- 한국문인협회 사무국장, 이사 역임
- 국제펜클럽한국본부 사무처장 역임
- 대한민국문학상, 윤동주문학상, 예술평론상, 문학의 해 국무총리 표창, 예총 예술문화대상 특별공로상 수상
- 시집: 『낮은 소리 하나』 『땅바닥에 누워』 『지하철 풍속도』 『안개도시』 『더듬거려온 하여간의 연습』 『불암산 시』 『되돌아옴의 시』 『시간의 소묘』 『낮은 산 외진 길』 『홀로가는 낙타』 『사람 만나지 않는 날들』 등

늘그막의 살 길 사는 길

박종철 시집

1판 1쇄 인쇄/ 2024년 4월 20일
1판 1쇄 발행/ 2024년 4월 25일

지은이 / 박종철
펴낸이 / 성춘복
펴낸곳 / 도서출판 마을

등록 ∥ 1993년 5월 15일 제3001-1993-151호
주소 03073 서울 종로구 성균관로5길 39-16
전화 ∥ (02) 765-5663, 010-4265-5663

값 13,000 원

*잘못된 책은 바꿔 드립니다.

ISBN 978-89-8387-365-1   03810

푸른 시와 시인

늘그막의 살 길 사는 길

박종철 시집

마을

시인의 말

내 시가 아직도 습작기의 습기를 말리지 못하고 있어서 물 묻은 한지처럼 늘어진 모양새다. 비 오고 구름 낀 날이 많기도 했지만 그럼에도 때때로 햇볕과 바람이 세워놓은 바지랑대에 걸어서 건조시키는 과정을 충실히 했어야 좋지 않았을까 하는 아쉬움과 미련이 배어 있다.

2012년 10월 20일자로 시작 노트에 기록해 놓은 메모를 펼쳐보니 그때 이후의 내 시의 태도에 일관되게 영향을 미친 습기가 아직도 풀잎에 맺힌 아침 이슬처럼 미끄럼을 타고 있음을 감지할 수 있었다.

내 시에서는, 산길을 걸으면서 살갗에 닿는 산들바람의 촉감이 새발자국 같은 느낌으로 가느다랗게 먹줄을 긋고 지나가길 바랄 뿐이다. 독수리 발톱이 정수리를 치고 지나가는 충격으로 파고들거나, 발광하여 화려한 그늘을 만드는 조명으로 번쩍이거나, 그것이 자연의 절벽이든 인공의 무대이든 장식 쪽에는 애당초 뜻을 두지 않는다.

오직 내 나름의 신체리듬에 맞게 느릿느릿 산 능선 길을 걸어가는 모습 그대로를 드러나게 할 뿐이다. 주로 오솔길,

외진 길, 언덕길에서 헤매거나, 아니면 개울가를 단조롭게 거니는 모습이 물바닥에 비칠 것이다. 호젓하면서도 선선한 산바람 들바람을 겨드랑이로 들이마시는 숨쉬기, 맑았다가 흐려지고, 흐렸다가 맑아지는 구름 너머의 길, 보이지 않는 것을 보이게 하는 것이 아니라, 그냥 가물가물 보이는 그대로, 해를 등지고 그림자가 앞서서 이끌어 가는 길을 걷고 있음을 보여줄 뿐이다.

 이러한 자세가 정체성이라도 되는 듯, 이번 시집에 모아 놓은 시들이 삶의 흔적으로서의 습기를 건조시키지 못한 채 22년 전에 그어놓은 먹줄에 새발자국으로 찍혀 있음을 살펴보는 자리가 되었다. 시집을 다섯 부문으로 갈래를 잡고, 제1부는 '살 길 사는 길'로, 2부는 '나무의 길'로, 3부는 '구름의 길'로, 4부는 '꿈길'로, 5부는 '행복의 길'로 나누어 보았지만 길은 길이되 편편이 제각각이다. '길 없는 길'도 있을 것이다. 노년의 생각 따라 가는 몸과 마음의 행로에 저녁노을이 길게 그림자를 드리우며 살아온 길을 비추고 있다.

 시집 말미에 늘그막의 상념을 메모해 둔 노트에서 몇 편을 골라 실었다. 내 일상의 단면이지만 장식적 표현이 아닌 보이는 그대로의 모습이 물바닥에 비친 풍경으로 떠오르길 바랄 뿐이다.

2024년 4월

박 종 철

· 시인의 말

1. 살 길 사는 길

사랑의 온기 ― · 12
달마을의 서정 ― · 13
세한(歲寒) ― · 14
아는 사이 ― · 16
사랑의 정수 ― · 17
살 길 사는 길 ― · 18
받아 놓은 날 ― · 19
사설시조 ― · 20
궁금한 것 ― · 22
소멸 ― · 23
놀란다 ― · 24
왜 그럴까? ― · 26
버려지는 주인 ― · 28
선심 ― · 29
단점과 부덕 ― · 30

2. 나무의 길

숲 ― · 32

나무의 길 ― · 33

시간 여행 ― · 34

순례 길 ― · 36

숨바꼭질 ― · 37

일과 밥 ― · 38

사하라 ― · 40

푸른 멍 ― · 42

가을에는 ― · 43

세월의 뒤안 ― · 44

가을의 행복 ― · 45

월산리 느티나무 ― · 46

내 마음의 정리만 남았다 ― · 48

아무것도 아니다 ― · 50

3. 구름의 길

화살 — · 52

구름의 길 — · 53

상상력 — · 54

동반자 — · 55

희망의 눈맞춤 — · 56

원천(源泉) — · 58

물거품 — · 60

인연 — · 61

나이야 가라 — · 62

사랑의 불씨 — · 63

어떤 연습 — · 64

그 사람 — · 65

구름을 추종한다 — · 66

달매 달 — · 68

발견 — · 69

4. 꿈길

신선의 소식 ― · 72

신의 생각 ― · 74

시간의 당분 ― · 76

하늘 다락방 ― · 78

꿈길 ― · 79

넋두리 ― · 80

내 유년의 이력 ― · 82

망우리 고개를 넘으며 ― · 84

대화 ― · 86

입춘 건양(立春 建陽) ― · 87

고쟁이 ― · 88

진화하는 가방 ― · 90

연인들의 꿈결 ― · 92

사노라면 ― · 93

5. 행복의 길

문명의 지우개 ― · 96
행복의 길 ― · 98
우물 안 상념 ― · 100
석간신문 ― · 102
압축된 생각을 풀면 ― · 104
전생담 ― · 106
마침표 ― · 108
생명의 환희 ― · 109
무지개로 뜬 세월 ― · 110
구더기 ― · 111
시골버스 ― · 112
조팝꽃 ― · 114
지켜볼 것이다 ― · 116
늘그막의 사랑 ― · 117

시인의 산문
생각 따라가 본 어느 날의 기록 ― · 118

1.

살 길 사는 길

사랑의 온기

사계절을 빠짐없이 살아본 날의
나무들을 만나보고
앞으로 살아갈 나이테를 헤아려본다

나란히 걷는 팔십대와 사십대가
부자 같은 친구일까
친구 같은 연인일까

팔십대는 말이 없고
사십대는 나이 타령으로
허리가 휜다

가을 같은 겨울에
빨간 팥배 열매에 맺힌 이슬이
사랑의 온기로 스며들어
돌아올 봄날로 뽀오얀 입김을 날린다.

달마을의 서정

내가 어설프게 토해낸 말을
수입 과일처럼 받아갔다가
숙성시켜 되돌려주는 말씀을 받아
맛을 보니
재래종 살구처럼 새콤달콤하다

되로 주고 말로 받은
달마을의 인심이다

언덕배기 오르는 밤길에서
지나쳐가는 사람의 생각을 낚아채면
달빛이 따라온다

같은 방향으로 가는 사람의 등덜미에다
따라온 달빛을 비추어보면
낚아챈 생각의 그림자가
마을의 미담으로 상연된다.

세한(歲寒)

기다림만으로 구원에 이를 사랑이라면
절대로 서두르지 마라
오르페우스!

예견된 미래이니 조건 없이 견뎌야 한다
외로움을 그리움으로 가슴에 안고
따듯하게 견뎌라

세한을 선계(仙界)의 울타리로 두르고
차가운 안거(安居)에 들어야
구원의 날이 오리니

고도의 길목을 까마귀가 지키고 있지 않느냐
그 어떤 마귀도 범접할 수 없다
오르페우스!

지옥으로 갔다가 돌아오다
돌이 된 사람을
꽃으로 피어나게 하라

낮을 밤에게 맡겼던
혹한의 그해 겨울은
이제 따뜻해질 때가 되었느니.

*오르페우스는 그리스 신화에 나오는 시인이요 음악가이다. 아내인 에우리디케를 저승에서 데리고 나오다가 저승의 지배자인 하데스와의 약속을 어긴 바람에 실패하고 만다.

아는 사이

누군지는 잘 모르지만 아는 사이다
구름이 바람을 아는 사이라고나 할까

매일 스쳐 지나기 때문에 느낌으로 아는
장님의 지팡이다

한눈팔고 가다가 부딪칠 뻔 했을 때
번쩍, 섬광으로 스치고 마는 인상

일하는 자와 노는 자 사이에 끼어서
번갈아 마주치는 베어링도 되고 굴대도 된다

그 애매하게 아는 사이에는
철새 텃새 할 것 없이 다 드나들고
온갖 종류의 곤충들이 서식한다

먼지와 먼지 사이로 새파란 하늘이 흘러간다
온 세상의 먼지가 모두 사라져야
저 새파란 하늘이
멈추어 서는 순간을 보게 되리라.

사랑의 정수

흙냄새 나는 향수를 만든다는 인도인의 방법으로
사랑이 육탈(肉脫)하는 순간에 흘리는
눈물을 담아낼 수 있을까?

지상의 그릇으로는 어림도 없을 거야
천상에 오르는 지순한 사랑의 정수를
누가 두 손으로 받아낼 수 있겠는가

미륵이 도솔천에서 내려올 시간만큼은
기다려야 할 거야
무색계의 가장 높은 하늘에 오를 수만 있다면
언제라도 가능하겠지만

사랑의 육탈이 흘리는 정수(精粹)는
인도인의 방법으로도 어려울 거야
지고하니까 지난할 수밖에 없을 거야.

살 길 사는 길

갔다 왔다 한다
가는 것도 오는 것도
다 가는 것이다

비어 있는 듯해도 앞뒤가 다 차 있다
뒤돌아보면 모두 앞을 보고 있고
앞을 바라보면 모두 뒤를 보고 있다

이것 저것 뒤섞어 보아야
다 반반이라고
짝을 맞출 수 없는 것은 버린다

'생각을 앉아만 있게 하면
생각이 잠들어버린다'고
에세의 저자는 말했다

머리는 살 길로
몸은 사는 길로
왔다 갔다 하라는 말이다.

*'에세'는 프랑스의 사상가요 문학가인 몽테뉴가 저술한 『수상록』을 말한다.

받아 놓은 날

어머니가 받아 놓은 날이 생일이었다
아버지가 받아 놓은 날은 아직 돌아오지 않았다

누군가는 알고 있는 그날들을
나 혼자 모르고 지나친다

성탄절보다 성대한 그날
숨겨진 찬란한 나의 날들을
나는 아직 모르고 있다

누구나 모르고 지나치는
받아 놓은 그날을
누군가는 알고 있으리라.

사설시조

세상에 남기지 않을 순간이라고
정신을 정신 나가게 쓰는 일에 대하여
마음을 마음대로 쓰는 일에 대하여
누구나 할 말이 있을 것이다

나 역시 하고 싶은 말이 있지만
직접 육성으로 말하진 않겠다

천천히
옛날 방식대로
편지지에 정성껏 베껴 써서

우편배달부에게 책임을 지우는
등기 속달이 아니고
우편함에 꽂아 놓고 가면 그만인
보통 우편으로 세상 저편에 보내겠다

아마도 일생이 서너 줄로 압축된
서사와 서정의 중간에 걸친
사설시조가 아닐까 한다

우연히 만난 인연이
숙명으로 전개되는 강물같이
평범한 일상을 상상하는 물결이
잔잔하게 흐를 것이다.

궁금한 것

사람 모이는 곳이 두려운 것은
아무도 없는 곳이 무서운 것과 같다

사람이 별처럼 모여 사는 곳이 그리운 것은
하늘에 별들이 빛나는 밤이 궁금한 것과 같다

별도 없고 달도 없는 밤에
반딧불이도 풀섶에 숨어버린 계곡에서

하늘을 우러르며 무작정 걷다가
한 발 헛딛는 발걸음이 어찌 될지?

소멸

꽃잎 피우는 날에
떨어지는 낙엽을 밟는구나
낙엽도 꽃잎으로 보이는 눈에
눈발이 날리는구나

훈훈한 바람이 싸늘한 시선을
감싸지 못하고
물길 따라잡지 못하는 불길
어디론가 사라져 간 유성을 따라간 혼불

아궁이 같은 가슴에 매운재만 한 줌 흩어 놓고
매캐한 냄새로 사라시는
종말의 연기 한 줄기

놀란다

생일 케이크에 촛불을 켜는 것은
나이를 헤아리는 의식이다

아내는 내 생일에 촛불을 켜며
깜짝 놀란다
아들 딸 생일에도 촛불의 숫자를 헤아리며
깜짝깜짝 놀란다

놀랄 일만 늘어나는 셈이다

텔레비전에서 백 살 노인이 활동하는 모습을
신기한 듯 바라보면서도
별로 놀라지 않는 세상이 되었는데

아내는 내 나이가 많아지는 것에
브레이크를 걸며 운전주의 신호를 보낸다

나 역시 고희를 넘기고부터는
해마다 놀라고 있다
아버지 어머니가 돌아가신 기일에는
엎드려 추모하며 한숨을 몰아쉬다가
옆구리를 찔린 듯 깜짝깜짝 놀란다

두 번 세 번 놀란다
아니 매번 놀란다.

왜 그럴까?

늘 하던 일도 이제 그만 해라
자주 가던 길로도 이젠 가지 말아라
좋은 의미로 했던 말도
듣기 좋게 불렀던 노래도
더는 하지 말라고 함구령을 내린다
쐐기를 박고 빗장을 지른다

그런데도
별로 놀랍지가 않은데
왜 그럴까?
뭐, 이상한 기분조차 들지 않은데
잘못된 걸까?

세상 탓도 시대 탓도
조상 탓까지도
다 시들해진 탓일까?

가라면 가고
오라면 오는 날이 아니라
밤새 바닷가 모래알로 씻어낸
놋쇠 항아리처럼
내일이란 날엔
누구나 빛나는 태양으로 떠오르기 때문일까?

버려지는 주인

사람 몰리는 곳에는 언제나
속 쓰린 내시경 풍경이 위산처럼 쏠리고 있다
순서 없이 뒤바뀌는 계절풍이
백사장을 쓸고 있다

바람에 설레고 구름에 감동하며
물결에 젖는 마음으로
해변의 짭조름한 속 쓰림이
백사장을 쓸고 있다

우리는 주인 없는 곳이면
어디서나 주인으로 산다

현수막을 걸어놓고 전단지를 뿌리며
주인으로 산다
어디서나 싸구려 인상을 팔며
버려지는 주인으로 산다.

선심

고종사촌 형은 형이니까 밥을 산다고 했다
이종사촌 동생은 내가 형이니까 동생이 밥을 사야만 한단다
나는 형이나 동생한테 얻어먹기만 했다

선배나 후배, 친구나 동료, 친지나 이웃
모두에게서 비슷한 이유로
나는 얻어먹기만 했다

아내는 이렇게 말한다
오늘은 선심 쓰고 오세요! 했는데도
워낙 동작이 느려서 항시 기회를 놓친다고

혹자는 이렇게 겁을 준다
그렇게 공덕을 쌓지 못하면
저승에 가서 어떻게 선처를 바라겠습니까?

나는 겁을 먹었다가도
또 금방 태평하게 잊어버리고 만다.

단점과 부덕

나는 돈을 벌지 못하는 것이 가장 큰 장점인데
그 장점을 제대로 살리지 못하는 것이 단점이다

나무의 이름을 알고자 했을 때
그런 것 알아서 무엇에 쓰겠느냐고 핀잔이다

풀이름을 알고 싶어 했어도
한심하다는 표정으로 멍 때리는 모습만 보여준다

내가 그런 대접을 받는 것이 미덕인데
그 미덕을 살리지 못하는 것이 부덕이다.

2.
나무의 길

숲

유아비누로 목욕하는 물푸레나무의 촉감이
온몸에 스며든다
허리통증에 붙이는 파스같이
전신을 싸아하게 감싸오는 안개다
전생의 습기 마를 날 없는
시름 깊은 시어머니의 파밭머리에서
가난한 집 며느리로 엎드렸다가
뒷모습만 보이게 일어서는 숲이다
일 년 주기로 떠오르는 홍조의
바닷물에 몸 담갔다가
함흥냉면의 육수처럼 배어나오는 땀방울로
방파제 같은 가슴을 적신다.

나무의 길

깨뜨려야 할 화두라기보다는
벗어버려야 할 허물일 것이다

천만 년이 장구한 세월은 아님을 알기에
매일 물에 씻고 고개 드는 태양도
늙어가고 있음을 아는 것이지

영혼을 지탱하는 데는
변신이 자유로워야
꿈과 진공의 벽을 허물고
바람이 모습을 드러내는 것이지

바람이 감싸주는 따뜻한 체온
살아 있는 숲에 삶의 뿌리를 내리고
천만 년을 하루 같이 사는 나무가
화두를 깨뜨리거나
허물을 벗을 일은 없다.

시간 여행

꿈속의 내가 꿈꾸는 나를 깨운다
어디로부터 오는지 모를 강한 충격
순간을 깨뜨리고 나타나는
이 세상 경계의 생나무 울타리

울타리 밖으로 나서자
입 밖으로 나온 충격의 말씀이
풀잎에 맺힌다

어젯밤 꿈속에서 헤매던
은밀한 생각들을 불러와
까치가 날아간 자리에 앉힌다

참회하는 듯
지저귀는 소리를 지푸라기처럼 물고
둥지로 날아가 바람막이 문풍지로 거는 모습

문득, 고향 마을 옛집이 떠올라
빛 속에서 출렁이는 물결 따라
시간 여행을 떠난다.

순례 길

걷고 걸어도 바람이 일지 않는다면
땀도 흐르지 않는다면
두 발로 걸을 수 있는 끝자락에 가까워진 것일까
태풍의 눈에 들어가
허공을 돌고 있는 것일지도 모르지

구원만을 바라고 매달려온 하늘 길
생업에 얽매어서 죽고 살기로 헤쳐 온 가시밭 길
일곱 구멍이 막힌 통나무로 여울져 흘러온 물 길
아무것도 아닌 존재에 사로잡혀
아무것도 모른 채 세상 끝까지 끌려온 길

바람도 땀도 잠잠한 길 끝자락이라서
벼락과 천둥이 몰아쳐도 대수롭지 않게 느낄 뿐
쓸데없는 예감에 젖어 있는 이슬을 흩어버리며
따사로운 햇살이 안내하는 구만리 순례 길을
아무도 아닌 사람이 되어
저물어가는 노을을 이마에 받으며
고개고개 넘어 걸어갈 뿐이지.

숨바꼭질

내가 시냇가에서 먼 산 바라고 한숨을 내쉬면
너는 포수의 총소리에 놀란
기러기처럼 날아가 버리고

내가 바닷가를 파도 소리에 취해 하염없이 거닐면
너는 파도에 밀려난 돛단배처럼
바다 한가운데 머물고

내가 신록의 산길을 옛 추억에 끌려 위태롭게 걸으면
너는 울음소리만 메아리로 남긴 채
보이지 않는 새처럼 종적을 감추고

내가 고사목 그림자로 밀집한 빌딩 숲을 헤매면
너는 사막의 모래바람을 몰고와
숨도 못 쉬게 도시를 점령하고

내가 동굴 속 같은 밤의 적막에 몸을 숨기면
너는 원시인의 감각으로
나를 찾아 횃불을 들고.

일과 밥

기술은 손바닥에 묻은 밥이라는
어느 금속 장인의 말이 주조된 문양처럼 지워지지 않는다
몸으로 움직여야 일하는 사람이라는 뜻으로
아로새긴 마음이 저지르는 일

싸움조차 일이라고 했다가 싸울 뻔했던 일
놀이는 일이 아니라고 했다가 놀림을 당한 일

아프지도 않은 자들이 병원 침상을 점령하고
빈들거린다면 한심한 일이 아니고 무엇이랴

좋아했다가 싫어져서 버린 장난감이거나
짜고 친 고스톱으로 얻어낸 일감이거나
후미진 뒷골목의 처마 밑 거미줄에 걸려든 먹잇감이거나
어떤 미끼로 꾀어내도 걸려들고 마는 피라미들

햇빛이 나뭇잎을 물들이는 것도 일이라 했으니
일중독에 걸린 일벌 일개미에게
일 아닌 것이 무엇이냐고 묻는다면
손바닥에 묻은 밥이라고 대답할까?

사하라

설산의 도인이 사하라를 먼저 알았다면
항하사라 하지 않고 사하사라 했겠지
설산 눈보라를 몰아가서
사하라를 항하가 흐르는 옥토로 만들었겠지
아마 몇 군데 바라나시 같은 성지(聖地)가 생겼을 거야

문명이 문명을 낳을수록
낙원은 실락원의 공룡 알을 낳아
쥬라기 세상으로 줄달음치고 있음을
우리는 애써 모른 척하고 있을 뿐이지

존재의 벼랑에 걸린 혹성이기에
줄타기 묘기를 부리는 자만이
살아남는 날이 올지도 모르겠지

노래와 이야기가 사라진 숲에서
밤도 아니고 낮도 아닌 안개가 자욱한 그늘만

끝없이 펼쳐지는
우리들의 미래의 팍팍한 가슴을
사하라로 사하라로 끌어가고 있으니.

푸른 멍

별자리는 모든 바이러스의 숙주(宿住)인 것을 안다
이승에서 사라지는 것들이 도달하고자 하는 곳이다
블랙홀에 걸리지 않는 빛이 있을지도 모른다

메마른 땅의 모래알에도
밤이슬은 맺히기 마련이다

비등점(沸騰點)을 넘어서지 못하고
수은주가 멈춘 눈금을 별자리로 연결하면
죽어가는 생명을 살려내는
심폐소생술로 작동한다

연약한 꽃잎이 시들어가는 순결한 절망 앞에
오늘도 저속(低俗) 일변도로 노출된 풀잎이
바람의 폭력에 시달리며
온몸으로 증명하는 푸른 멍자국.

가을에는

호주머니가 가벼우면
습기에 젖어있는 마음이
더욱 무거워지는 법이지

마음으로 불러들이는 영양소가
비계 덩어리들뿐이니
몸이 무거워지지 않을 수가 없지

여름날 무성해진 몸
우거진 무게에 짓눌렸던 마음이
가을날에야 가벼워지는 것이니

온 세상이 밖으로 트여있는 날
세상 밖으로 빠져나간 마음이
날 저물어서야 집 찾아 들어오는
어린아이 같구나

노을에도 물들지 않는
아이들 같구나.

세월의 뒤안

아득하면 어쩔 수 없다
있으라 하면 사라지고
없어져라 하면 나타난다
무엇이든 뒤집고 마는
내 마음의 투정꾼

아득하면 형통한다
죽은 자의 사과밭도 있고
산 자의 묵정밭도 있다
무한정 거머쥐는
내 마음의 투기꾼

아득하면 멀지 않다
미륵이 먼저 오고
일월이 자리바꿈 한다

세월에 귀 기울여서
억장 무너지는 소리
우리 모두 듣고 있다.

가을의 행복

아이스크림에 스며있던 설렘이
입술에 닿자마자 녹는다

빗방울이 바다를 깨우듯
꿈꾸면서 꿈을 깨워가는 삶

집을 사는 것이 아니라
집에서 사는 것이 순리가 아니라면
은총의 문이 어찌 열리겠는가

시간에도 간격이 있음을 알아야
불완전 자체가 안전이라는 설명을
알아들을 수 있다는구나

햇빛과 바람을 풍성하게 수확하는
가을날의 행복을 누가 누리는가.

월산리 느티나무

달이 찾아와
서로 마주 바라보다가
함께 별을 우러르는 동네에 살지요

누군가의 맨 처음을 기억하는 사람이
새벽에 기침을 하면
누군가의 맨 나중의 꿈에서
홀연히 깨어나는 별을 바라보는 겁니다

헤아릴 수 없는 나이테로
지켜온 세월을
고스란히 품에 안은 마을입니다

동네 사람이 모두 손잡고 둘레를 짜야
비로소 뒷짐 지고 가슴을 내미는
상노인으로 모십니다

폭신한 세월의 두께로 감도는 달무리가
오래된 신화를 만들어낸 마을에서
우리는 그 상노인을 믿고 살아가지요.

내 마음의 정리만 남았다

개울가에는 돌멩이 대신 나무 벤치가 놓였다
누워서 밤하늘을 우러러 보기 좋아서
별을 헤아리며 어둑어둑한 하늘을
팔 벌려 펼쳐보니
반반하고 번번하다

둥글지 않고 편편하다
해가 둥글고 달이 둥글어서 둥글지 않으면
하늘이 아니라는 생각을 해왔는데
반반하고 편편하다니
둥글지 않아도 괜찮을까?

아무거나 다 염려하는 내 마음이
둥글지 않나 보다

이사 준비를 하면서 집안을 정리하는데
온통 모서리요 사각이다

천장은 둥글어도 밑바닥은 편편하다
뾰족하고 날카롭다
송곳이요 칼날이요 이빨이다
줄선 날이요 뭉친 먼지다

한 번도 써보지 않은 물건이 많다
흠결 없이 낡아버렸다
흠결 없이 낡아버린 사람도 있을 것이다
내 마음 속도 오래 방치해온 집안 같이
낡은 책장이요 뭉친 먼지더미라는 것을 가늠한다.

아무것도 아니다

내가 세상일에 대하여 무엇을 아는가?
어떻게 살아왔는지 어떻게 살아갈지
갈매기의 꿈으로 떠오른 그림자만 가물가물
봄날의 아지랑이 같이 산비탈을 돌아서 사라진다

내가 새로 이사 가서 살아야할 곳에 대해서도
아는 것이라고는 아무것도 없다
이삿짐 뒤의 강아지처럼 따라만 갈 뿐이다

무엇 때문에 그곳으로 가야하는지
물어볼까 하다가 그만 두었다

내가 알면 안 되게 되어 있는지
모르는 게 약인지 그것도 모르겠다

좋다고 하면 다 좋아야 하고
나쁘다고 하면 다 나쁜 것인가
결국 아무것도 아니다
결국 나는 아무것도 아니다.

3.
구름의 길

화살

보여준 대로 보았고
들려준 대로 들었을 뿐
더 보려고도 더 들으려고도 하지 않았다

가끔
뭔가 숨겨진 진실이 있지 않을까 하는
의구심으로 답답한 마음이 들 때면
나 자신을 바라보았다

두 번째 화살이 날아오고 있었다
나는 피하지 않았다
세 번째 화살도 맞았다

맞고 또 맞았다
부스터샷에 4차까지 맞았다
앞으로 얼마나 더 맞아야 할지
그걸 나는 가늠하지 않는다.

구름의 길

구름이 머무는 곳에 나도 머물리라
구름이 흘러가는 곳으로 나도 흘러가리라
구름이 눈짓하면 바라보고
구름이 손짓하면 따라가리라
구름이 온몸을 펼쳐서 날갯짓을 하면
나는 한 마리의 천년 학이 되어
오작교를 건너 광한청허부(廣寒淸虛府)에 오르리라
구름이 사라지면 구름이 사라진 자리에
푸르름으로 남아서 영생을 묵념하리라.

상상력

눈에 든 잠을 씻어내고
입에 든 밥을 넘기고 나면
투명한 아침 햇살의 온기가
온몸을 따뜻하고 환하게 밝힌다

이제 세상 어디로 가든
원기 충전에는 문제가 없다
두 발 걸음이 전력이다

비가 온다면 수력으로
바람이 불면 풍력으로
눈이 오면 상상력이 가동된다
전천후로 발전되는 것을 문제 삼지 말라

누가 사는 게 뭐 별거냐고 했을 때
나는 웃었다
사는 게 웃기는 것이 아니라
웃자고 하는 소리에 상상력이 들어 있으니.

희망의 눈맞춤

그냥 이십대로 쭉 머물러 있을 줄 알았다
사실 마음은 아직도 그렇다
그런데 둘러보면
흰머리가 벗으로 삼는 주름살과 검버섯이 주인이다

금강소나무의 나이테를 온몸에 감고
눈과 얼음을 차곡차곡 쌓아 온
남극 바다같이 깊어진 나이

희망이란
연안에서 극지로 밀어가는 파도요
물너울의 끝자락만 밟아갈 길이리라

바람이 우군인 동시에 맞서 싸우는 적군이다
빛과 어둠이 싸울 때는 시간이 흐르지 않고
비가 오고 눈이 내리는 동안
우아한 춤사위로 쉬어가는 바람

별들이 침묵할 때가 가장 빛나는 순간이라고 해서
구름이 하늘을 가릴 때
어두워지는 그늘을 살펴보았다
눈맞춤을 뒤로 하고 밝아지는 희망.

원천(源泉)

지구를 감싼 푸른 장막이
우물의 원천이구나

구름의 면사포로 걸러낸 이슬은
생명의 숨결로 뿌려져
깊은 산속 옹달샘이 되고

누가 마셔도
이마에서 가슴으로
서늘한 무지개가 서리는구나

침묵이 천둥으로 깨어나는
잠베지강의 폭포에는
영원히 사라지지 않는
무지개의 다리가 놓이고

누구나 이 다리를 건너기만 하면
누구나의 최초의 조상이 반겨주는
태생의 자화상을 만나게 되리니.

*잠베지강의 폭포는 아프리카 잠비아와 로디지아의 경계에 있는 '빅토리아 폭포'를 말한다. 세계 3대 폭포 중 하나이다.

물거품

병든 몸에 정념의 이슬이 고여 있어
피를 말리는 고행에도
마음의 피멍울을 터뜨린 자리에
새살이 돋기만을 기다린다

거듭된 밀행으로 보이지 않는 길이 닦이고
상처를 딛고 담을 넘는
신화를 모방하는 모험은 계속되는구나

단절이 벽돌로 굳어 쌓인
오래된 성곽 길에서
잘린 도마뱀의 꼬리를 붙들고
승천하는 용이라 믿는 꿈을 꾸고 있구나

물방울 하나하나가 바다에 이르러
초원을 누비는 가여운 영양처럼
풀잎의 엽록소는 녹아
스러지는 물거품이 되는구나.

인연

아까시와 아가씨는
가시가 있어야 존재를 증명한다

까시는 굳은살로 돋은 까칠한 성미를
위장하고 있고
가시는 속눈썹 같이 부드러운 그림자를
가냘프게 드러낸다

밀향이 로얄젤리로 모아질 때
아가씨의 사랑이 싹트는 시절임을 알고
아까시가 꽃타래로 선물하는 것이니

숨기고 싶은 새빨간 부끄러움이
아가씨 가슴에 스며들어
거짓말 같이 피어난 하얀 꽃

아까시와 아가씨는
수줍음으로 부러움을 사는
부드러운 가시가 인연의 촉매일 것이다.

나이야 가라

나이 밝히는 일이
왜 이렇게 부끄럽고 쑥스러운가

칠십은 부끄럽고
십칠은 쑥스러운 것인가

세상 탓에 뒤늦게 호적에 올린 나이가
두 살이 공백이라서
치수에 맞지 않은 옷을
몸에 두르고 사는
헐렁한 세월

별 볼 일 없는 세상살이가 오히려 별스러워
속 시원히 털어 놓을 통로가 막힌
복면의 나날들

나이야 저리 가라!
큰 소리로 외친들
저 높은 곳에선 미동조차 않는 것을.

사랑의 불씨

보이지 않게 숨겨둔 고리를 당기면 열리는 문
알아야 하는 사람만 알게 하는 문이라면
세상으로 열리는 문이 아니다

비밀의 섬에서 보물의 샘에 자화상을 남기고
떠나온 이후 잃어버린 나

내용 없는 아름다움에
연민의 그리움과 괴로움이
설렘과 떨림의 외로움으로 싸늘한 섬광을 일으킨다

머리 위에 내린 어두움의 장막으로 싸맨 가슴엔
나그네의 한숨만 한 보따리다

보따리 한 구석의 작은 공간에 숨겨둔
사랑의 불씨,
언젠가 내용이 꽉 찬 아름다움으로 살려낼
사랑의 불씨.

어떤 연습

쓸데없는 것들을 잘 버리려면
세속 미련에 휘둘려 찌들은 피부를 잘 씻어내려면
그 피부 밑에 붙어 있는 곪은 영혼의 물집을
잘 터뜨리려면
껄끄러운 반석에 반듯이 누워서
큰 숨 한번 깊게 들이쉬었다가
길게 내뿜는 것이다
등신불이 되어
소리 없는 영혼의 전통에 깊이 귀 기울이는 것이다.

그 사람

있는지 없는지 모르겠다
있어보았자 심심하고 따분한
그 사람

조용하게
늘 함께했던 그 사람이
한 자리 채워주었던 모퉁이가 비었을 때
공동체(共同體)가 공동(空洞)이 되어
공통분모에 균열이 생긴다

말없이 공감하는 분위기에
공명의 인자로만 잠겨 있어도
존재의 무게를 저울질 할 수 없는
구름의 그림자 같아서
아무도 지워버릴 수 없는
그 사람

구름을 추종한다

세속적인 소란은
쉽게 믿고 쉽게 잊는 가벼움에서 비롯된다

나뭇잎에 얽혀서 반짝이는
자수정 햇살에 걸려들면
미풍에도 결리는 어깨로도 홀린 듯 날고자 한다

참지 못하는 가벼움이다
폭발할 듯 위협적으로 해체하는
구름일 뿐이다

누군가에게 빼앗긴 나를
삶의 온전한 기분으로 찾고 있다

천지에 봄 여름 가을이 지천이지만
나는 겨울같이 삭막하다

내 화려한 개화에는 색맹으로 덤벼들고
소리는 사라지고 냄새는 흩어진다
나는 어쩔 수 없이
바람이 아니라 구름을 추종한다.

달매 달

믿을 수 없는 것을 믿는 존재가 사람이다
믿을 수 없는 것을 믿으라고 강요하는 자도 사람이다
지구가 소멸되더라도 사라지지 않을 믿음

절벽에 매달린 손을 놓으란다
손을 놓으면 어떻게 되는데?

절벽은 커다란 반석을 세워놓은 바위라서
반석을 눕히면 마당바위가 되기에
우리는 매달린 적이 없었다

내가 등불을 밝혀서 치켜들면
그림자를 벗어버린 보름달이
느티나무 신령으로 깨어나느니

달아달아 달매 달아
달집을 태워야 응답하는
남원 산동 달매 달아.

발견

구름과 바람과 햇빛을
나는 가난의 원조로 생각한다

비루먹은 말을 타고 오고
비 맞은 장닭을 몰아오기 때문이다

짚세기에 누더기 감발한 길손이
낙원으로 가는 길목에서 발견한
각시말발도리와 청공작단풍.

4.
꿈 길

신선의 소식

내 몸에는 여러 관문의 요새가 있고
관문마다 수문장이 있어 위세가 등등하다
내가 산을 오르려면 우선 수문장들의
동의를 구해야 한다

출발부터 의견이 분분하다
이제는 아예 잘 아는 산의 잘 아는 길로만 가자고 한다

가까스로 합의를 끌어내 출발하고 나서
첫 오르막길에서 첫째 관문의 수문장이 가로 막는다
달래고 얼러서 깔딱 고개에 이르면
두 번째 관문의 수문장이 태클을 건다

태클을 걸지 마!
노래로 달래서 두꺼비 바위께 팥배나무 아래에 다다라
가쁜 숨을 고르는 동안
세 번째 수문장이 목말라 죽겠다고 투덜댄다

자리를 펴고 앉아 준비해 온 막걸리를 마시고 나니
수호지의 노지심처럼 힘이 솟는다

아무도 태클을 걸지 않아
정상에 올라 북한산 만경대를 바라보노라면
출렁이는 만경창파 위로 수심 깊은 하늘이 떠오른다

발밑에 정상을 두었으니 더 무엇을 바라랴
한 줄기 맑은 바람이 구름에서 내려와
신선들의 소식을 전해준다.

신의 생각

다른 무엇이 되고 싶어 하는 속마음이
달빛에 물들어 신의 표정으로 드러난다

직립하여 높이로 고이는 침묵은
불립문자의 뼈대같이 단단해 보이고

빛과 그림자가 울력하여 끌어올린
바위산의 나무들

불완전한 자세가 안전할 때까지
나무를 스승으로 삼아 수련하는 사람이
바른 길로 가는 관문에 들어선 것일까?

밑동 잘린 그루터기에 앉아서
하늘을 우러르는 모습을 누가 지켜보는가

헛된 이야기 짓기에 골몰하다 보면
진실을 위장하는 버릇만 늘어날 뿐
나무들이 경계하는 이유가 낙엽처럼 쌓이느니

죽은 나무에 잠들어 있는 영혼을 위로하면서
새들의 보금자리나 보살피는 것만이
신의 생각임을 푸른 잎 붉은 꽃으로 표현한다.

시간의 당분

먼지 묻은 눈깔사탕에 코 묻은 푼돈이 엉기곤 했었지
유리 항아리에 담긴 파랑 줄 빨강 줄의
줄무늬 사탕이 철부지 소년의 침샘을 자극했던 시절이었지

다 잊어버린 줄 알았는데
잊었다기보다는 잃어버린 신분증 같아서
세상 돌고 돌아 다시 찾아오는 귀향의 기억

먹다버린 사탕 찌꺼기 묻은 막대기를
파리가 핥고 지나간 흔적이 지워지지 않는다
지렁이가 문지르고 지나간 끈적거리는 자리도 반짝인다
개미나 생쥐가 헤집어보고 지나간 동선이 그어진다

기억의 흔적이 고스란히 남아 있었구나
'잃어버린 시간'을 찾는 작가의 일생을
감돌아 흐르던 자취

꿀벌들이 모아 놓은 로얄젤리의 성분으로도 남아 있고
뿌리 식물들이 저장한 당분으로도 살아 있고
동면에 든 북극곰의 지방층으로도 쌓여 있는

잃어버릴 수 없는 시간의 당분.

하늘 다락방

꽃이 봄이라면 비바람은 꽃받침이다
비바람의 중심에 신의 선물이 포장되어 있다
누구나 이 선물을 받는다는 것을 의식하지 못한다

아마 전체를 안다고 착각하는 데서 출발하여
구름의 그림자나 살펴보는 사람일 것이다
하늘의 캔버스에 제멋대로 그려보는
추상화인들 어떠랴

삭정이와 메마른 풀잎을 모아
비바람의 생명줄로 얽어 지은 까치집을 보라
살아 있음의 위안으로 삼아도 괜찮을
사랑의 눈높이에 걸린 연등이 아닌가

부서지기 쉬운 껍질에 싸여
위태롭게 노출된 둥지이지만
마른나무 가지 끝에서 여유롭게 흔들리는
하늘 다락방,

초월하려는 자의 지상의 목표지점.

꿈길

끝까지 가면 끝이 나오는가?
갈 수 있는 데까지 가는 것이 끝이겠지
십리 길의 중간쯤이면 어떤가
동구 밖에서 출발하여 서쪽으로 구석정이를 지나는 길이다
큰 소나무가 6·25때 수십 발의 따발총을 맞고도
오십 년을 버티다가 사라진 사망당 고갯마루를 지나서
수나무 고개를 넘으면 완산칠봉 영감이 살다가
저세상으로 간 오두막도 사라지고
문둥이가 은신해서 무서웠던 돌무레 회다리 밑이
등덜미를 잡았던 시절도 사라졌다
둥그레 마을 앞 물레방아 돌던 실개천까지 사라진
십리 길의 중간 지점을 반환점으로 돌아오는 소년,
오리를 가도 온 세상 다 돌아오는 그 길은
지금은 사라진 세상의 끝이요
꿈속에서나 만나는 꿈길이다.

넋두리

아무도 사랑 이전으로 돌아갈 수는 없다
누구도 죽음 이후에서 돌아올 수 없듯이

황금 항아리에 금붕어를 기르는
생명의 연금술이 신기할 것도 없다
오아시스는 찾지 못하고 신기루에 홀린
사막의 모래언덕을 헤매고 있는 낙타일 뿐이니

내가 나에게 선물할 목록이 너무 많아서
책상 서랍마다 쌓인 영수증으로 연말 정산을 해보니
마이너스 통장이 몇 개나 되는지
이용한도에 걸려서 신용불량의 선물로 돌아왔다

 "공주는 자신의 눈이 지닌 아름다운 표정을 결코 보지 못했다.
  자기 자신을 생각하고 있지 않을 때에만 주어지는 그 표정을."

톨스토이의 『전쟁과 평화』에 반짝 스쳐지나가는
이 표현에 비추어 내가 찾고 있는 자신을 그려 본다

누구를 위해서 밥을 짓고 옷을 짓고 집을 짓는가
나를 위해서 복을 짓고 선업을 닦고 공덕을 쌓는 것이겠지

거울 밖에 있는 나를 거울 안의 내가 바라볼 수 없기에
"부활은 살아 있는 동안에 이루어져야 한다"는 믿음이
환상으로 조절되는 소망이겠지.

내 유년의 이력

아마 내가 환갑 무렵이었을 것이다
아내가 나에게 딸네 집에 다녀오면서
기름집에도 들렀다 오라고 했다
딸네 집 근처에 있는 기름집 여사장이
정직하고 선량해서 진짜 참기름을 파는 가게이니
두 병만 사오라는 심부름이었다

하루 전의 당부라서 깜박 잊고 있다가
막걸리나 한 잔 할까 하고
냉장고 문을 여는 순간
딸깍! 자물쇠 고리가 풀리듯
어제의 아내 목소리가 뇌리를 스쳤다

그런데 심부름의 핵심 주제가 떠오르지 않았다
내 머리가 냉동칸 가까이 다가가는 찰나
고등어 몸통처럼 얼어버린 것인지
세상에서 제일 고소하고 순도 높은 참기름도
식도가 아닌 기억의 회로에선 막히는 수가 있음을

나는 그때 알았다

인지장애전조증이라든가
나이로 풀어야할 함수라고 했던가
생애의 어느 마디에 걸려있는지를
되짚어 볼 수밖에 없었다

유년기의 우물 밑바닥까지 도르래를 타고 내려가서
찾아낸 비밀의 곳간,
그곳엔 옛날 소주병에 담긴 참기름과 들기름이 함께
형제자매처럼 나란히 서 있었다

이 비밀의 곳간 한편에
참깨벌레를 들기름에 재워 삭힌 영약(靈藥),
내 유년의 꺼져가는 생명을 살려낸
그 들기름이 아직도 고스란히 남아 있있다

그거였구나!
나는 딸네집 근처의 정직한 기름집에서
참기름 한 병, 들기름 한 병,
그렇게 각각 한 병씩
두 병의 깨 기름을 사가지고 집으로 돌아왔다.

망우리 고개를 넘으며

일리가 구리를 덮는 고개를 넘는다
동녘 하늘에 끌려서
한 생각 골똘히
망우리 고개를 넘는다

이 말도 그럴듯하고
저 소견도 맞는 듯하여
아무리 생각해 보아야
다 그게 그거지 뭐 하고
만수산 드렁 칡에 얽혀서 갈피를 못 잡는
나무들을 바라본다

일리가 구리를 가로 질러
구천으로 갔구나
구만리를 평정하는 지팡이를 짚으며
잊을 수 없는 일 잊으려고
망우리 고개를 넘어 갔구나

사는 것은 십리 중 구리
죽는 일은 십리 중 일리

배꽃이 피면 눈이 내리지 않는다는 경계를
계절의 가르마를 타면서
오리나무도 억새풀도
망우리 고개를 넘어 갔구나.

대화

혼자서도 주고받고
오른손 왼손 공기놀이 하듯
놓치지 않으려고 정신을 차리지요

둘이서는 상대가 세 번 말할 때
나는 한 번쯤 발언 합니다

세 사람일 때는
두 사람이 세 번씩 화제를 바꾸어 말할 때
나는 겨우 한 번 중얼거리고요

네 사람 이상일 땐
나는 매번 순서를 놓치고 맙니다

말머리를 꺼냈다가 묻혀버리면
타고 가던 말머리를 돌려서
원점으로 돌아오고 말지요.

입춘 건양(立春 建陽)

봄눈이 싸락눈을 불러 모아
동반자로 내려오는 모양이 분분하다

성인들이 못다 한 말씀의 밀봉(密封)을 풀어서
정오의 금싸라기로 흩뿌리는 햇살

비전(秘傳)의 미소를 바탕화면에 내려 받고
사랑 밖에 모르는 음성으로 가슴을 적시며

아련히 향수어린 꿈을 풀어내는
신화시대이 마파람이 분분하다

왁자지껄로는 낮은 산 둘레 길을 장식하고
오순도순으로는 종갓집 안마당을 종종대는
노오란 병아리 같은 햇살

고쟁이

꿈이란 해석하다보면 탄력이 생겨서
늘었다 줄었다를 반복한다
고무줄 같은 것이다
살아있지 않아도 부드러운 관계를
오래 유지 한다
이십 년쯤 입었다 벗었다를 되풀이 한
꼬장중우 하나

고무줄이 늘어져서 갈아 끼우든지 버리든지
패러다임을 바꿔야할 텐데
아직도 가마솥에 누룽지처럼
엉덩이에 눌어붙어 있다
돌 무렵 손자의 기저귀같이
발목까지 흘러내릴 때만
바로 생각이 났다가
이내 생각 밖으로 홀연히 사라진다

갈아입기 위해 벗었을 때는
누가 훔쳐보기라도 하는 듯
재빨리 빨래통으로 구겨 넣는다
쓰레기통에 넣었다면 깨끗이 해결될 문제를
아직도 꿈의 해석처럼
늘였다 줄였다를 반복하며
고무줄놀이를 계속하고 있다.

진화하는 가방

내가 메고 다니는 까만 가방이
햇빛에 반사될 땐
나일강 악어의 눈빛처럼
섬뜩하게 비린 분광을 뿜는다

그래서일까
지하철에서 만난 앵벌이의 악어가죽 같은 가방이
내 검은 가방을 스칠 땐
나눔의 미덕을 끌어내는 호소가
앵벌이 가방의 옆구리를 흘러나와
파충류의 눈빛으로 번뜩인다

이집트 사자의 서에서 빠져나와
환생을 꿈꾸는 파라오의
피라미드 천장에 고정된 눈빛이다

끈적끈적하고 몽롱한 눈빛에는
섬뜩함이 처량함으로
처량함이 너절함으로
너절함이 나른함으로
의식이 깨어났다가 다시 잠기어드는
저승감각의 순서를 보여준다

악어 입 같은 가방의 덮개를 젖히자
메모지 한 장이 삐딱하게 꽂혀있고
메모지에선 애절하게 호소하는 음성이
애벌레처럼 기어 나와 허물을 벗은 후
하얀 나방으로 날아올라 흔직 없이 시라진다.

연인들의 꿈결

꽃눈이 바람에 맞아야
사랑이 눈뜨는 시절

인연은
바람이 불기 전에는
잠을 잔다

꽃이 피기 전에는
바람이 자고
해가 뜨기 전에는
나뭇잎이 잔다

무심결에 흐르기만 하는
연인들의 꿈결

새가 날기 전에는
아침은 오지 않는다고.

사노라면

내일은 내일이고 오늘이 아니지만
오늘 마련해야할 어제의 빚이
내일을 끌어당긴다
전신으로 잡아당긴다
몸의 한 부분이 불편하면
마음의 전체가 불안하다
마음의 한 부분이 불안하면
몸의 전체가 불편하다.

5.
행복의 길

문명의 지우개

휴대폰을 왼손에 쥐고
오른손을 내밀며 핸드폰이 없다고
찾는 사람을 보았다는데

설마 멀쩡한 사람이 그럴 리야 없겠지
머리 들어 먼 산을 바라보니
갑자기 어제 일어난 일들이 가물가물 멀어진다

아마도 언젠가부터 어제 일어난 일이라면
상관하지 말자고 마음먹었던
작심삼일이 있었기 때문일 것이다

또 어느 땐가는 또래 친구 모임에서
우리 중에 치매 전조 증상을 보이는 사람이
분명히 있을 것 같은데?
누구냐고 서로 얼굴을 바라보며 웃고 말았지만
그런 농담조차 이제 어젯일이다

살아온 순간순간이 쟁기질처럼
흙덩이 뒤집어서 메꾸어 가는
밭갈이가 아니겠는가

갈아엎어 가다 보면
고랑도 파이고 두둑도 만들어지고
봉분도 생기는 텃밭의 경작이 아니고 무엇이랴

부싯돌 쳐서 마른 쑥 잎에 불붙인
발화의 순간에
내가 태어나기도 전에 돌아가신
할아버지의 얼굴이 스친다

어린애가 오른손에 쥔 연필을
왼손에 지우개를 쥐면서 던져버리자
어제까지의 내 문명의 기억이 말끔히 지워진다.

행복의 길

흔들리고 싶어서 홀로 서 있는 나무는 없다
바람이 세월 흐르는 쪽으로 부는 것도 아니다
하루에 소주 반병으로
팔십팔 년을 버텨온 산골 노인이 아직 더 살아보려고
온돌방 아랫목에 묻어둔 사랑의 온기를 어루만진다

감나무에 감 익어가는 모양과 빛깔 따라
바람과 구름이 스쳐지나가고 눈비가 먼지를 씻어줄 뿐
가는 해 오는 해를 구별하지도 않는다

제주 해녀가 저승에서 따서 이승에서 판다는
바다 밑 전복이라도 어쩌다 생기는 날은
행복지수가 최고조에 이르고
경치가 좋아서 몸살 나는 것은
사람이 아니라 산이라고 우긴다

좋은 것을 좋다고 못 느꼈던 시절을
'더도 말고 덜도 말고 오늘만 같아라' 하는
중추절에나 데리고 와서
함께 장단 맞추어 흘러간 노래를 부르는 것으로
부귀영화를 누린다니

미수(米壽)를 거쳐 망백(望百)의 고개를 넘어가는
행복의 길이 보인다.

우물 안 상념

하늘이 깜짝 놀라게 할 묘기로 신명난 경기를 펼친다고 하더라도
나에겐 놀랄 일도 신명날 일도 없습니다
왜냐하면 경기가 다 끝난 다음에 평론하듯이 바라볼 생각이기 때문입니다
평론은 작품이 발표된 뒤에 그 작품을 꼼꼼히 읽어보고
이러쿵저러쿵 분석하고 비판하는 것이니까요
축구경기든 야구경기든 나는 경기가 끝난 다음에
결과를 평가하는 장면을 관람할 생각입니다
보나마나 경기 결과는 미리 예측하고 있고요
감독의 전략 전술도 이미 알고 있을 뿐만 아니라
선수들의 실력이나 심리상태도 훤하게 꿰뚫어보고 있거든요
어찌 보면 사후 평가도 필요 없다고 할 수 있지요
텔레비전을 보거나 라디오를 들을 필요도 없습니다
다만 경기 마니아가 또래 친구를 만나서
지난밤에 벌어졌던 경기 결과에 대해 울분을 못 참는 대화를

우연히 엿듣게 되는 것이야 피해갈 수가 없을 것 같습니다
아니, 그런 상황조차 나는 멀리할 것입니다

바깥세상이야 언제나처럼 요지경일 테니
스스로 정화하도록 내버려두고
산골 오지 마을에서 우물 안 개구리처럼 살아가는 사람들을
무시하고 조롱하는 풍조를 오히려 경멸하며
잘 익은 제철 과일이 저절로 떨어져 지천으로 널린 곳,
그런, 동구 밖까지 살구향이 진동하는 마을에서
하늘만 바라보고 살아볼까 하고 생각 중이니까요.

석간신문

국화꽃 같은 노오란 신문지를 기다리는구나
아마도 저 세상 소식을 듣고자
병원에 와서 신문을 기다리는 것일 게다
늦가을 오후 세시 반

허리 굽은 노인 서넛이 구부정한 모습으로 나타나서
국화꽃 향기를 풍기는 신문이 잡지 서가에 꽂히기를 기다
리는구나
무료 급식을 기다리듯
배달원이 나타나기를 기다리는 모습이
동물원 사육사가 먹이를 들고 나타나기를 기다리는
늙은 오랑우탄 같구나

종합병원 접수창구 앞이라
수산물 경매시장 같이 붐비는데
안개비 속에 풍기는 비린내 맡으며 활력을 찾고자

누적된 삶의 무게에 짓눌린 몸을
간신히 세웠다 앉혔다를 거듭하는구나

부서질 것 같은 지체의 마디마다
윤활유 떨어진 베어링이 헛돌고 있어서
총기 바랜 눈동자를 화덕 속 꺼져가는 불씨처럼 굴리고
있구나

말기 성인병 환자처럼 기력이 쇠잔해가는 모습으로
칠성판에 새겨지는 신의 지문을 판독하고자
노오란 석간신문을 기다리고 있나보다.

압축된 생각을 풀면

생각을 없애라는 말을 들은 지 오래 된다
밑바닥이라는 존재의 바탕에 어린
침전물을 닦아내라는 충고다

자욱한 연기에 싸인 광장으로
이 세상을 스치고 저 세상을 거쳐서 모여오는
상념의 군중

타오르는 달불에 그을린 보름달이
곧 재채기를 터트릴 듯
잔뜩 찌푸린 얼굴로 내려다 본다

지상의 모든 축제와
야단법석의 소음이 압축된다
소용돌이 전자파로 압축된다

전혀 예측할 수 없는 순간에
폭발할 기운이 모아지고 있다
무의식의 핵, 의식의 폭탄이다

가상의 현실은
빛과 어둠이 둔갑하는 여우다
누구나 다 폭발 직전의 행성이요
압축된 사랑의 그림자라서

풀어내면
하늘을 무대로 춤추는 봉황이요
바다를 품에 안고 오르는 용이다.

전생담

부처님이 전생에 거쳐 오지 않은 세상이란 없다는 것을
어떻게 알았는가?
살면서 사람들이 무심코 흘리는 이야기를
주섬주섬 주워듣다 보니
별것 아닌 것들이 모두 유별나다는 것을 깨달았기 때문이다

이야기 속 세상을 들여다보면
토끼, 거북이, 악어, 모기, 완두콩, 볏짚에서
까마귀, 메추라기, 쥐, 사자, 코끼리, 원숭이까지
이름 있는 생물에서 이름 없는 무생물까지
빠짐없이 살아보고 온 이야기가 끝도 없이 이어진다

세상에 이야기가 되지 않는 것이란 없다
존재할 수조차 없는 것도 이야기로 불러내면
모습을 갖추고 새끼줄에 굴비두름처럼 엮어져 나온다

입놀림으로 시작하여 손놀림으로
손놀림에서 몸놀림으로 스무고개를 넘어서
환생하는 나그네가 발길질로 툭툭 차 던지고 가는
돌멩이 나뭇잎 풀잎 꽃잎은 물론
유명 무명의 빛과 그림자까지 전생담의 산물로 살아난다.

마침표

어느새 나는 감각이 끝나는 곳
무감각으로 굳어진 벼락바위 주위를 맴돌며 산다
언제 벼락이 떨어져 바위를 두 쪽으로 갈라놓았는지
아는 사람이 없기에
아직 남아 있는 감각으로 더듬어 보았지만
느낌만으로는 믿을 수도 없고
어떻게 표현할 수도 없다

진리의 실체가 이 바위 중심에 있다는 암시를 받지만
믿을 수 없는 것이 아니라
알 수 없는 것이기에 더더욱 말할 수 없다

아무것도 손에 쥔 것이 없으니
알아주는 사람이 없는 것은 축복일까?

서쪽 능선마다 다르게 잠겨드는 노을 빛
실물의 낱낱이 드리우는 그림자마다
빠짐없이 마침표가 찍힌다.

생명의 환희

인터넷이나 스마트폰에 담아내지 못할 세상이 없다면
억센 여자의 입담으로 담아내지 못할 욕설도 없다

술을 어깨에 메고 가지는 못해도
배 속에 담고는 간다고 장담하는 사내의 허풍은
항아리가 아니라 간장종지에나 담을 병아리 눈물이다

온 세상이 답답하고 갑갑하고 막막하다
육도사생(六道四生)이 모두 안전거리를 확보해야 한다
은하계의 행성들이 스스로 멀어지는 공간에서
생전에는 못 만나는 지척간의 아득함

자연의 장식에 불과한 헤아림 속의 나날이
그리움을 잠식하고
영혼을 뒤흔들며 불안을 증폭시키는 동안
나무와 풀, 숲에 서린 바람만이
불안의 백신으로 맞이할 생명의 환희가 아닐까?

*육도는 '지옥, 아귀, 축생, 수라, 인간, 천상'을 말하고, 사생은 '태생(胎生), 난생(卵生), 습생(濕生), 화생(化生)'을 말한다.

무지개로 뜬 세월

세월에 물이 잠기고
물속에 세월이 잠기니
풍랑만 거세어지는구나

바다에 뿌린 눈물이
영혼의 노을로 번지니
하늘나라 방파제도
물속에 잠기는구나

침몰한 하늘의 섬
하늘에서 침몰하면 꽃으로 피어난다고
장미, 카네이션, 연꽃…
끝없이 가슴에서 가슴으로 이어지는 꽃.

*세월호 참사 추념의 시

구더기

아무것도 버리지 못한 사람이
연보로 작성한 목록을 펼쳐든다
이삭줍기로 거두어들인
세속 작위들이 고딕체로 나열되어 있다

가지 많은 나무의 바람처럼 얽어놓은
설렁줄에
깡통훈장이 주렁주렁 걸려있다
참새 쫓기에나 쓰일 녹 슬은 깡통들이다

욕망을 배설하시 못해 부풀은
희망이
아랫배에 가득 쌓인 쓰레기더미라서
아무리 뒤져보아야 구더기뿐이다.

시골버스

차를 기다리는 할머니가 혼잣말처럼 중얼거린다
"오기만 오면 되고, 갈 곳에 가기만 하면 된다."

시골버스 정거장에서 운전기사가 화답한다
"기다리는 사람이 없어도 가고,
기다리던 사람이 떠났어도 간다."

숫타니파타의 『소치는 사람』에서 악마 파피만이 말했다
"자녀가 있는 이는 자녀로 인해 기뻐하고, 소를 가진 이는 소로 인해 기뻐한다. 사람들은 집착으로 기쁨을 삼는다. 그러니 집착할 것이 없는 사람은 기뻐할 것도 없다."

부처님이 대답했다
"자녀가 있는 이는 자녀로 인해 근심하고, 소를 가진 이는 소 때문에 걱정한다. 사람들이 집착하는 것은 마침내는 근심이 된다. 집착할 것이 없는 사람은 근심할 것도 없다."

갈 곳에 가기만 하면 되는 그곳으로
기다리던 사람이 떠나갔다
기뻐할 것도 없이, 근심할 것도 없이.

조팝꽃

습관이 행복이라는
이 말이 진리일까
습관이 모여 행운을 만들어준다고 믿는
이 믿음이 진실일까

익숙한 것은 예전엔 다
낯선 자극으로 오는 손님이었다

사랑이 어두움의 보금자리로부터 발원하여
강물처럼 몸통을 불리어가다가
눈 한번 깜박할 순간에 사라지는
눈꽃 같은 사라짐의 비밀로 잠겨버렸으니

어두움에 잠겨있는 마음에
빛이 스며들어
정신을 살려내는 노동

조금씩, 조금씩
햇살 퍼져나가는 좁쌀만 한 꽃으로
산자락 양지바른 곳에
지천으로 피어나는 정오의 조팝꽃.

지켜볼 것이다

골목길 모퉁이에서
바람의 손이 머리를 호되게 때리고
모자를 빼앗아 팽개쳤다
혼비백산 하였다가
얼떨결에 붙잡은 펜으로 나는
바람에게 무슨 화풀이를 할까?
생각하다가 이렇게 썼다
"잘 한다 잘해,
매운재 석 섬을 불어라.
질식하여 깨어나지 못할 너를
나는 지켜볼 것이다."

늘그막의 사랑

기쁨은 맺히고
슬픔은 고이는
빨간 팥배 열매

사랑은 맺히고
미움은 고이는
빨간 단풍잎

오래 바라보는 사이
점점이 눈송이로 날려
파란 하늘을
새하얗게 수놓는다.

시인의 산문

생각 따라가 본 어느 날의 기록

2011년 9월 어느 날 출판사에 다니는 후배가 다이어리 노트를 내밀며 "시를 쓰시니까 '생각 노트'로 사용하시면 좋지 않을까 생각합니다." 하는 친절한 사용 지침까지 얹어서 선물해 주었다. 그때부터 메모하는데 조금은 적극적인 자세가 되었지만, 사실은 오래전부터 생각날 때마다 일기 형식의 '명상 노트'를 드문드문 적어오고 있었다. 2007년 1월 중순 쯤 메모해 놓은 단상에 이런 것이 있다.

> 노인이 움직인다, 건강이다.
> 어린이가 움직인다, 놀이다.
> 젊은이가 움직인다, 일이다.
> 이들의 공통분모가 삶이다.

이런 어설픈 단문을 간헐적으로 메모해 오다가 몇 년 지나고 부터는 에세이 형식의 산문으로 분량이 늘어나게 되었다. 여기 '생각 따라가 본 어느 날의 기록'은 그런 에세이 형식의 짧은 산문이다. 시를 써오는 과정에서 부수적으로 따라온 여적(餘滴)이라고 할 수 있다. 시집 말미에 붙여서, 시 읽기가 끝나고 허전하게만 느껴지는 시집의 후기로서, 통상적인 시 해설 대신에 다소나마 보완적인 요소로 작용했으면 좋겠다는 생각으로 선보인다.

산에 자주 가는 이유 (2013년 3월 13일)

산에는 혼자 가면 편안하고 여럿이 가면 즐겁다. 이태백의 산중문답(山中問答)은 그래서 가장 사랑 받는 절구(絶句)다.

> 문여하사 서벽산(問余何事 栖碧山), 왜 산에 사느냐기에
> 소이부답 심자한(笑而不答 心自閑), 그저 빙그레 웃을 수밖에
> 도화유수 묘연거(桃花流水 杳然去), 복사꽃 띄워 물은 아득히
> 별유천지 비인간(別有天地 非人間), 분명 여기는 별천지인 것을.

산에 자주 가는 이유를 굳이 설명할 필요는 없다. 옛사람이 즐겼던 담백한 한가로움을 공유한다고 하면 주제 넘는 일일지

도 모르겠으나 편안하고 세상에 걸림이 없으니 그냥 좋다고 할 밖에 없다. 산악인 하고는 약간의 차이가 있는 산행이 아닐까 싶다. 일부 산악인은 산을 정복해서 승리하는 쾌감으로 투쟁하는 모습을 보인다. 그것이 목표요 성취하고자 하는 욕망을 충족시키는 과정이다.

그러나 나는 산을 정복하는데 뜻을 두지 않는다. 그 산을 가보았다는 자랑에 있지도 않다. 명승지 유람이라는 떠들썩한 행차도 아니다. 산과 내가 혼연일체가 되는 심자한(心自閒)에 있다. 산과의 변함없는 우정으로 지혜로운 동반자가 되겠다는 뜻이다.

산이라고 하는 장엄하고 기묘하고 수려한 모양을 갖춘 비범함에서 활기와 용기와 패기를 얻고 호연지기를 기르는 것도 중요하겠지만, 산은 수수하고 부드럽고 포근한 새들의 둥지 같은 안식처가 되어 주기에 내 집같이 드나들며 선선한 미소와 편안한 생명의 온기를 얻을 수 있으니, 언제 가더라도 행복한 위안이요, 모성적 근원에 닿는 감흥이요, 본연의 자유로움이 아니겠는가. 그래서 누가 뭐래도 나는 산이 좋다.

팔 자 (2015년 12월 5일)

"막걸리 한 잔이면 팔자가 늘어진다." 아내가 가끔 백수로 빈둥거리는 나를 두고 뜬구름처럼 띄우는 낭만적인 독백이다. 내가 늘그막에 처한 신세를 적중시킨 말이기도 하다. 나는 스스로 알콜 의존도가 매우 높은 단계에 이르러 어찌 보면 중독 증상에 가깝다고 자처하는 입장이지만, 그렇다고 병원에 가서 검사를 해본 적은 없다. 애써 이런 자가 증상을 비껴가기 위한 방편으로 애주가라는 표현을 쓰기도 한다.

술 마시는데 막걸리 한 잔이나 소주 한 잔의 차이를 논할 일은 아니다. 살얼음과 빙산의 차이는 엄청난 것이지만 본질적인 의미의 차이는 없는 것이리라. 어쩌면 가난한 자가 큰 부자를 멸시하는 풍조에서 불평등의 풍파가 일어나고, 죽은 자와 산 자 간의 원한을 내세워서 소동을 일으키는 세태를 보며, 거기에서 멀리 떨어져 있고자 알콜을 탐닉(耽溺)하는지도 모른다.

그러나 나는 경계하고 있다. 비롯되는 것은 사소하나 여기서 번져나가는 파급효과는 어마어마한 엔트로피로 쌓이기 때문이다. 세상은 눈 감아서 암흑이 아니면 꿈이다. 꿈이 없는 밤이 기억상실로 가는 해탈은 아닐 것이다. 밤이 휘감고 도는 우주쇼를 반딧불이의 파르스름한 꿈의 알맹이 같은 빛에서도 발견한다.

막걸리 한 잔으로도 팔자 좋은 한 때를 거느리며 유유자적하는 것이 그와 다를 바 아니다.

예기치 못한 순간(2015년 7월 18일)

예기치 못한 순간이란 누구에게나 다 불시에 찾아오는 손님이다. 피할 수 없는 손님이 찾아오는 순간은 점철되어 포승줄이 된다. 질박한 참바 줄이다. 단단히 꼬인 참바를 손목에 걸고, 발목에 걸고, 숨넘어가는 목에도 걸어서 끌어당기면서 끌려간다.

강줄기에도 비틀어 매는 여울목이 있다. 고향 당산나무 밑은 노루목이다. 이 노루목에 경계 줄이 걸리면서 치성을 드리는 일이 일 년에 몇 차례 있다. 첫 닭 울음을 팽나무 가지에 걸 때, 고무신짝을 지붕에 던질 때, 홋 적삼을 울타리에 걸고 하늘을 우러를 때, 꼬리별은 흔적 없이 사라진다.

모두 일어날 수 없다고 믿었던 일이 일어나는 것을 경험하는 순간들이다. 그러나 그런 순간이 되풀이 되는 것을 보여주는 저녁노을이 있으니 황홀한 불가사의가 아닐 수 없다.

생명은 허망한 허깨비일 뿐이라고 깨달은 듯 한탄하다가 쓰러지는 모습을 보고 충격을 받은 일이 있었다. 그리스 신화 같이 만들어내기에 달려있는 허상들, 세상에 깔려있는 것이 신화요 우리는 이 신화를 신발로 신고 다닌다. 질퍽질퍽 밟고 지나다닐 뿐이다. 신화가 깔려 있는 곳에 목숨을 딛고 넘어지는 도깨비장난이 매복해 있다. 숨이 넘어갔다가 넘어오는 깔딱 고개에서 다람쥐가 도토리를 줍는 일상이 꿈이라면 그보다도 더 깔끔한 꿈은 없을 것이다.

미국의 초절주의 철학자 에머슨은 "삶은 부드러운 꿈과 격렬한 꿈 사이의 선택일 뿐이다."는 말을 남겼다. 삶은 모순투성이지만 깨어있는 정신으로 운명을 개척해 나가는 사람만이 후회없는 일생을 마칠 수 있다는 생각에 뜻을 같이 한다.

소년의 마음 (2016년 12월 5일)

깊은 밤 홀로 우두커니 밤하늘을 바라보면서 나는 소년 같은 마음으로 파란 바람결에 감싸인다. "나는 아직도 소년티를 못 벗어났구나!", 산길을 걸을 때도, 개울가 풀섶을 헤치며 물길을 따라가면서도 소년의 마음에 깊숙이 잠겨있는 나를 발견하곤

한다. 고희를 넘긴 지 3년이 다 되어가는 데도 말이다.

김영랑의 시에 "물 보면 흐르고/ 별 보면 또렷한/ 마음이 어이면 늙으뇨."라고 노래한 그 마음에 내 마음이 반짝이며 스며든다.

명상가 크리슈나 무르티는 나이를 먹지 않는 마음에 대하여 이렇게 말했다. "순수할 수 있는 것을 경험하되, 경험의 찌꺼기를 쌓아두지 않을 수 있는 마음, 어제의 기억들, 과거의 모든 기쁨과 슬픔을 매일매일 털어버릴 줄 아는 마음, 이런 마음이 순수하고 신선하며 나이를 먹지 않는 마음"이라고 했다.

세상 있는 그대로의 순수한 모습을 바라보고 감각하고 부딪쳐보는 과정에서 찌꺼기가 묻어나지 않을 수는 없다. 그러나 경험한 찌꺼기를 쌓아두지 않고 바로바로 털어버리는 마음은 순수하고 신선하며 나이를 먹지 않는 소년 같은 마음이라는 말일 것이다. 그럴 수만 있다면 얼마나 좋으랴. 그런 소년 같은 마음이란 어쩌다 잠깐 스치고 지나갈 뿐이니 나이를 먹지 않을 수가 없다.

잠깐 잠깐에 불과하지만 늙지 않은 마음이 찾아와 준다는 것만으로도 아름답고 행복한 삶의 보람을 느끼는 것이요, 그때가 시인이 되는 순간이기도 하다.

연명의료에 대한 소감(2016년 12월 22일)

  죽음에 대한 준비는 너무 일러서도 안 되겠지만 너무 늦어서도 안 될 것이란 생각을 해왔다. 그런데 최근에 사전의료의향서(事前醫療意向書)라는 문서를 작성해 두는 것이 좋지 않겠느냐는 아내의 제안이 뜻밖이면서도 의미심장하게 다가왔다.
  이런 방면에 뜻을 둔 사람들이 사단법인을 결성하여 일정한 양식을 만들어 놓은 것이 있다. 그 양식의 제목이 바로 사전의료의향서이고 양식의 문항은 이렇다.
  "뇌기능이 심각한 장애일 때"
  "질병 말기로 판단될 때"
  "노령과 관련된 최후의 시점에 이르렀을 때"로 상황을 예시해 놓았다.
  이때에 연명의료를 할 것이냐 아니냐를 미리 문서로 작성해서 소지하고 있어야 한다는 것이다. 말하자면 임종을 결정짓는 유언장인 셈이다. 생애의 마무리 결심을 벌써부터 아내가 준비했다는 것은 놀랍고 대견한 일이다. 사람이 죽는다는 것은 불변의 진리라는 것을 알면서도 믿고 싶지 않은 것이 인지상정이다.
  그래서 운명이라고 했을 것이고, 거스를 수 없는 확실한 운명의 길을 의연히 받아들이는 것이야말로 가장 고결한 결단이 아닐 수 없다. 오늘이 장인어른 기일(忌日)이라서 명복을 빌며, 인간의 운명을 생각해보는 시간을 가져보았다.

불가사의한 비밀(2018년 1월 14일)

김주연 문학평론가는 『문학사상』 2017년 5월호의 「죽음 뒤에 오는 영감- 문학의 미래를 생각한다」에서 이렇게 말했다. "불가능이 오히려 가능성의 원천임을 믿고 내일을 바라보아야 한다."고, 나는 다음과 같은 메모를 공책에 올린 적이 있다.

죽음의 벽에 부딪쳐서 흘린 핏자국이 문명의 꽃으로 피어난다. 그 몸부림의 상처에서 흘린 영혼의 흔적들이 으슥한 곳에 숨겨져 있다가 어느 날 갑자기 드러나는 불가사의한 비밀들. 생명 이전의 불가사의한 비밀을 도처에서 발견하는 것은 죽음 이후의 불가사의한 비밀이 도처에 숨겨져 있기 때문이다.

불가능, 불가사의를 넘어서는 신비의 통로가 어디에 있는가? 몽환적 환희의 몰아(沒我)를 제물로 산화하는 것인가? 살아온

몸놀림의 총합으로 검은머리방울새처럼 우듬지에 여린 잎과 잔가지를 끌어 모아 둥우리를 짓거나, 씨앗에 깃털을 달아 바람이 머무는 곳까지 날아가서 민들레꽃을 피우거나, 디오니소스가 아내 아리아드네를 만나는 경로를 밟거나, 인간으로서는 불가능한 일에서 신비로움의 행로가 드러나는 것이니 '불가능이 가능성의 원천임을 믿고 바라보는 수밖에는 없다.'

 본능에서 벗어날 수 없는 욕망이 무한히 쌓여서 섬을 만들고, 그 섬이 떠돌아다니는 바다, 프로이트는 「쾌락의 원리를 넘어서」에서 "심적 삶에는 쾌감과 고통이 자연스럽게 있지만, 그것은 산재해 있으며, 방임 상태에 있고, 확산하고 떠돌고 있으며, 구속되지 않는다."고 했다. 쾌감과 고통이 산재해 있는 근원적 어리석음의 바다가 일으키는 풍랑, 쉴 새 없이 끊임없이 주름잡는 파도, 잠잠할 때도 주름잡아 펼칠 일만 생각하는 웅크림이라고 해야 할까? 생명은 순간의 반복이기 때문에 죽음을 삶의 연장으로 규정할 수는 없고, 그 대신에 초월적 삶을 주관하는 하늘에서 언제까지나 우리를 보호하고 있는 것이 아닐까? 하는 생각을 해본다.

카네이션(2018년 5월 27일)

올해 어버이날 가족 모임을 주말(5월 5일)로 앞당겨 갖게 되었다. 어린이날에 어버이날을 겸해서 맞이하자는 편의에서였다. 아들 부부로부터 카네이션 화분을 받아 TV받침대에 올려놓고 TV를 시청하듯 바라보고 있다. 20여 일이 지났는데도 아직 몇 송이가 시들지 않고 화사한 자태를 뽐내고 있다. 그것은 이틀에 한 번씩 물을 주면서 돌보아 왔기 때문일 것이다.

식물도 애정 어린 관심으로 돌보면 정성에 화답하듯 생기를 잃지 않는다는 것은 잘 알려진 사실이다. 농작물이 주인의 발자국 소리를 듣고 쑥쑥 자란다는 소리도 같은 맥락으로 이해할 수 있다.

요즘 철학자요 수필가로 널리 알려진 김형석 교수의 회고록 『백년을 살아보니』를 읽고 있는데, 노년의 삶에 대한 진솔한 이야기가 잔잔한 울림으로 다가온다. "나이 들었다는 것은 손아래 사람들을 위해 주라는 뜻이다. 나이 들수록 더 많은 사람들을 위하고 사랑하는 마음으로 대하는 것이 존경받고 사는 인생의 길이라고 믿는다."는 올해에 백세를 한 해 앞둔 노교수의 평범한 인생론이 결코 평범하지만은 않은 비범한 모습으로 어른거린다. 인연이 닿았던 사람들에게도 다 위해주는 마음으로 대할 수 없는 것인데 무연한 사람들까지 사랑하는 마음으로 대한다는 것은 결코 쉬운 일이 아니기 때문이다.

불교TV 채널인 'BTN'에서는 저녁 예불 끝에 '백팔 대참회문'을 방송하고 있어서 몇 번 지켜보았더니 좋다는 말씀이 총동원 되어 나오고 있었다. 참회문 중에 "이 세상 이곳에 머물 수 있게 해준 인연들의 귀중함을 잊고 살아온 죄를 참회하며 절합니다."는 항목과 "모든 생명은 하나로 연결되어 있다는 것을 알게 되어 감사한 마음으로 절합니다."는 구절이 참회와 감사의 마음을 인연의 소중함으로 연결시켜 삶의 의미를 깨우치고 있다는데 공감하게 되었다.

오월의 카네이션은 이 세상에 존재하는 생명의 소중함과 인연의 귀중함을 일깨우는 매개체라는 것을 생각하면서, 김형석 교수의 '손아래 사람들을 위해주는 것이 나이 든 사람의 도리'라는 말씀을 다시 한 번 음미해 본다.

상처에서 피어나는 꽃(2021년 4월 4일)

턱을 고이고 넋 놓은 듯 하늘을 바라보는 것은 지상의 안전을 염려하는 본능의 휴가 상태라고 할 수 있다. 철학자들이 내재율을 가늠해보는 명상적 자세의 외형이다. 인간이라는 함정을 하늘에 만들어 놓고 신이 빠져들기를 기다리는 망상이다.

우리는 머리 위보다는 발밑을 잘 살펴야 영생의 길을 발견할 수 있는 것이 아닐까? 가령 풀포기 밑에 명랑하고 청허한 연화장 세계가 있어 죽은 어머니를 업고 홀연히 사라져갔다는 삼국유사의 사복(蛇福)이라는 기인의 이야기가 그런 경우일 것이다.

이 설화는 한 과부가 남편 없이 아이를 낳았는데 열두 살이 되도록 말도 못하고 움직이지도 않았다는 특이한 사람의 이야기이다. 사복이 성장했을 때 어머니가 죽었다. 그래서 사복이 원효대사를 찾아가 함께 장례를 치르자고 요청하자 원효가 이를 따랐다. 원효가 경을 읽고 게송(偈頌)을 읊으니 내용은 이런 것이다. "세상에 나지 말 것이다/ 그 죽는 것이 괴로움이라/ 죽지 말 것이니라/ 세상에 나는 것이 괴로움이니라." 사복이 듣고 너무 길어 번거롭다며, "죽는 것도 사는 것도 괴로움이로다."고 간명하게 잘라 말했다. 그런 다음 두 사람이 상여를 메고 산 동쪽 기슭으로 가서 사복이 다시 게송을 읊고 바로 풀포기를 뽑으니 그 밑에 장엄한 연화장 세계가 나타나서 사복은 어머니를 업고 풀포기 밑 세상으로 사라져 갔다는 이야기다.

삼국유사를 지은 일연선사는 "사복이 세상에 영험을 나타낸 것은 오직 이것뿐인데, 세간에서는 황당한 이야기를 덧붙였으니 가소로운 일이다."고 소견을 말했다.

죽음이란 저 세상 멀리 보내서 한 물건 망실된 후에 전혀 딴 세상에 지팡이 짚고 나타나는 신령한 존재를 상상하는 것, 내 안에 스며있는 사랑의 묘약 같은 봄기운이 회춘으로 작용했을 때 존재의 상처에서 피어나는 꽃이라는 것, 모든 삶의 형식이 죽음의 장벽에 부딪쳐서 일으키는 불꽃이라는 것.

꿈(2022년 3월 12일)

나를 실어 나르는 시간이 멈추는 곳, 내가 멈추면 시간도 멈춘다.

시간이 멈추면 열리는 문이 있고, 문은 주인을 알아보고 저절로 열린다.

음과 양이 태극을 중심으로 감아 돌면서 방호벽을 두르고 있기 때문에 주인이 아니면 아무도 문을 열 수가 없다. 나는 하루에 한 번씩 이 문을 열고 드나든다. 나를 통과해서 어디로든 갈 수 있는 꿈, 어젯밤에도 이 비밀의 문을 통과해서 개울을 건너고 들판을 지나 산으로 갔다. 참나무 밑에 떨어져 있는 도토리 껍질을 다람쥐가 뒤집어보고 지나가는 모습을 우두커니 지켜보았다.

그런데 뒤집히는 것은 도토리 껍질처럼 가벼워진 내 몸통이었다. 나는 알맹이를 잃어버린 도토리 껍질로 버려졌다. 껍데기와 알맹이가 만나야 되돌아올 수 있는 꿈의 세계, 나는 껍데기를 하나 주워들고 다람쥐를 쫓아가서 알맹이를 주워와 짝을 맞췄다. 분리된 영혼과 육신이 다시 만나 부활하는 꿈이었다.

생일 (2022년 6월 15일)

나는 일 년에 두 번 생일을 맞이한다. 한 번은 음력 생일로서 8월 29일이다. 추석과 아버지 기일, 그리고 내 생일이 일주일 간격으로 달력에 나란히 표시되어 있다. 8월 15일(추석), 8월 22일(아버지 기일), 8월 29일(내 생일)이 항상 같은 요일에 들어 있다.

그래서 일주일 간격으로 행사를 치러야 하기 때문에 아내나 아이들은 힘들어 한다. 나도 마음의 부담을 느낀다. 추석을 그냥 지나칠 수는 없고, 아버지 기일을 생략할 수도 없다. 그러나 내 생일은 내가 마음만 먹으면 건너뛸 수도 있는데, 아내나 아들 딸들은 그러기에는 섭섭하고 사람의 도리가 아닌 듯이 느낀다. 그러다 보니 가족 모두에게 부담스런 생일이 되고 있다. 물론 내 문제라서 자격지심(自激之心)이 들어 염려하는 것일 뿐, 가족이야 불편하게 생각하지 않을 것으로 믿는다.

또 한 번은 양력 생일인데, 바로 호적과 주민등록에 올라 있는 날짜다. 법적 생일인 셈이다. 나는 태어난 당시에 바로 출생신고를 하지 않고 미루어 오다가 태어난 지 2년 후 6월 15일에야 호적에 올랐다. 이유는 그때 홍역이라는 고약스런 역병이 창궐하는 바람에 생사를 가늠할 수 없었기 때문이라고 한다. 그로 인해 나는 실제 나이보다 두 살 어려지고 생일도 출생일보다 훨씬 빨라졌다. 말하자면 진짜가 아니라 가짜라서 우리 가족은 물론 나 역시 양력 생일은 아예 무시하고 생각조차 하지 않는다.

그런데 어쩌다 한 번씩 양력 생일 축하 인사를 받는다. 보험회사나 내가 활동하는 단체 같은 곳에서 생년월일이 등록되어 있음을 보고 선심성 광고 효과를 노린 의례적인 인사로 보내는 문자 메시지다. 금년에는 내가 치과 시술을 받은 병원으로부터 인사를 받았다.

"이 세상에 오직 한 분, 소중한 박종철님의 생일을 축하드립니다." '오직 한 분'이라는 존재론적 의미부여가 '날마다 좋은 날'처럼 메아리로 다가와 현실 밖으로 사라져가는 여운을 남긴다.

손자 바보 (2024년 2월 21일)

나는 딸 둘에 아들 하나를 두었다. 아내는 언젠가 이런 말을 한 적이 있다.

"아들이든 딸이든 하나만 두면 동메달, 아들 딸 하나씩 다 두면 은메달, 딸 둘에 아들 하나면 금메달이랍니다."

물론 자화자찬이지만 나도 기분 좋게 들었다. 내가 물러설 수 없는 노년에 이르고 보니 딸 아들이 모두 나를 뒤따라와서 이제 원숙한 중년에 이르렀다. 딸은 둘 다 아들딸을 하나씩 두었으니 은메달이다. 그러나 평등하게 균형을 맞추지 않았는가, 나는 다이아몬드 메달을 주고 싶다.

나에게 맏이 외손녀인 현진이는 벌써 대학교 2학년으로 주말에는 아르바이트 일자리를 구하여 용돈도 번다. 둘째는 외손자 승준이다. 승준이는 고등학교 1학년인데 키가 이미 자기 아버지 키를 훌쩍 넘어섰고 체격도 당당하다. 셋째로 외손녀 유진이는 중학교 2학년생으로 컴퓨터 그래픽 그림 솜씨가 수준급이다. 넷째는 외손자 윤성이다. 윤성이는 초등학교 6학년생답게 친구들과 운동하며 노는 가운데 저절로 체력단련이 되어 튼

튼한 소년이다. 이렇게 두 딸이 모두 딸을 먼저 낳고 약속이나 한 듯 두 번째로 아들을 낳았다. 다섯 번째가 내 친손녀 서윤이다. 서윤이는 올해 다섯 살로 어린이집에 다니고 있다.

 어찌 보면 나의 가족은 생애 주기의 전 단계에서 유아기만 빼고 모두 분포해 있고 학제마다 빠짐없이 참여하고 있어서 모범적인 가족 공동체라고 할만하다. 여기서 '모범적인 가족'이라는 자화자찬은 자만심이 아닌 자존감이라는 것을 이해할 수 있으리라. 나는 가족이 다 모이는 날 손자 손녀와 함께 어울리는 때가 제일 행복하다. 물론 나만 그런 게 아니라 일반적인 현상이라는 것을 누구나 인정하지만 유독 나한테 은혜로운 행복을 누리게 한다고 생각할 때가 있다. 그래서 남들이 이런 나의 생각을 들여다본다면 손자 바보 중에도 첫손 꼽히는 바보라고 할 것이다 뭐 그러면 어떤가! 바보가 아니라 천치라고 한들 나는 아무 상관 하지 않을 것이다.

 바로 오늘이 그런 은혜로운 선물을 받은 날이다. 왜냐면, 며느리가 전화로 "아버님, 서윤이가 아버님의 손녀답게 '책과 친구상'이라는 상장을 받아 왔어요." 하는 소식을 전해왔기 때문이다. 나에게는 기쁨과 행복의 힘을 실어주는 선물이다. 그 내용은 다음과 같다.

책과 친구상

반명: 정다운 2반
이름: 박서윤

위 어린이는 서일대학교부설어린이집에서
일정기간 동안 소정의 교육을 받으며 책을
좋아하고 책을 통하여 풍부한 생각과
상상력을 키워나가므로 이 상을 주어
칭찬합니다.

2024년 2월 20일
서일대학교부설어린이집원장

'책을 좋아하고 책을 통하여 풍부한 생각과 상상력을 키워나가므로 이 상을 주어 칭찬합니다.'라고 했으니, 어린이로서 성장해가는 훌륭한 떡잎을 발견하고 적절한 북돋움의 칭찬을 한 것이라고 생각한다. 따라서 이렇듯 바람직한 방향으로 특징을 잘 포착해서 표현한 어린이집 원장의 안목을 나는 칭찬한다. 손녀 서윤이가 기특하고 대견스럽다. 앞으로 더욱 명랑하고 튼튼하게 자라나길 바라는 마음으로 축하와 격려의 메시지를 보냈다. 아마 이런 나를 장난기 있는 친구가 보게 되면 벌금을 내라고 손을 내밀 것이다.